AF197897

Christoph Pfeiffer

Der Orang-Outan oder Wald-Mensch

Samt den übrigen doppelartigen Naturgeschöpfen als

Verbindungsgliedern der großen Naturkette in den

verschiedenen Naturreichen (1787)

bremen
university
press

Christoph Pfeiffer

Der Orang-Outan oder Wald-Mensch

*Samt den übrigen doppelartigen Naturgeschöpfen als Verbindungsgliedern
der großen Naturkette in den verschiedenen Naturreichen (1787)*

ISBN/EAN: 9783955620165

Auflage: 1

Erscheinungsjahr: 2013

Erscheinungsort: Bremen, Deutschland

*@ Bremen-university-press in Access Verlag GmbH, Fahrenheitstr. 1, 28359
Bremen. Alle Rechte beim Verlag und bei den jeweiligen Lizenzgebern.*

Der

Orang-Outang

oder

Wald-Mensch,

samt

den übrigen

doppelartigen Naturgeschöpfen

als

Verbindungsgliedern

der

großen Naturkette

in

den verschiedenen Naturreichen.

Nach

der Naturgeschichte

betrachtet:

von

Christoph Ludwig Pfeiffer.

Mannheim,

bey Tobias Löffler. 1787.

Seinen
Wohlgebohrnen
HERRN
Senator und Oberbaumeister
Johann Philipp
Mylius
zu Heilbronn,

aus
alter akademischer Freundschaft
und
dankschuldiger Ergebenheit
gewidmet:
von
dem Verfasser.

Wohlgebohrner Herr,

Hochgeehrtester Herr

Senator und Oberbaumeister,

Hochgeschätzter Freund,

Lange schon bin ich damit umgegangen, Euren Wohlgebohrnen ein öffentliches Andenken meiner alten akademischen Freundschaft, und meiner dankschuldigen Ergebenheit für so viele während meines langwierigen Hierseyns von Ihnen dargegen erhaltene gleich freundschaftliche Erwiederungen zu stiften. Nur die Wahl fiel mir schwer, Ihrem Geschmacke da-

mit

mit ein angenehmes Opfer zu bringen. Endlich glaubte ich mein Absehen nicht zu verfehlen, wann ich Sie bey Ihren öft einsamen Spaziergängen in die angenehmsten Gefilde Heilbronns — und auf die reizendste Anhöhen seines Wartbergs und seines Jägerhauses, — die Sie, als Oberbaumeister, verschönern, die schöne Natur durch eine ihr angemessene, nicht übertriebene Kunst, noch mehr erhöhen; beyde an sich todte Waldplätze zu belebten Volksgärten, und das dafür empfindsame Heilbronner Publikum dadurch Sich ausnehmend verbindlich machen! — wann ich Sie, bester Freund! bey diesen Ihren einsamen Spaziergängen, oder vielmehr geschäftsvollen oberaufsichtlichen

Nach-

Nachschlichen zu Ihren Bauarbeitern, neben der oberbaumeisterlichen Betrachtung Ihrer todten Hände Werke, zugleich auch mit geistigeren Betrachtungen der belebten Natur, und der so bewundernswürdigen Mannigfaltigkeit, und harmonischen Schönheit derselben in den verschiedenen Naturreichen — gleich nachspührend und vergnügend unterhielte.

Ohnfehlbar dürfte gegenwärtige in der Absicht Ihnen gewidmete Naturschilderung Ihren ganzen Beyfall erhalten, und dieses kleine Freundschaftsopfer Ihnen dadurch zu einem angenehmen Geschenke machen! Dies ists auch, was ich wünschte, und wodurch ich mir schmeicheln konnte, Ihnen das Anden-

)(4   ten

ken eines Freunds ohnvergeßlich zu machen, der mit gleich ohnvergeßlicher
Dankschuld für Ihre schäzbare Freund-
schaftsbezeigungen verehrungs- und hoch-
achtungsvoll bestehet,

Euren Wohlgebohrnen

gehorsamst ergebenster
Christoph Ludwig Pfeiffer.

Vor-

Vorbericht.

Durch die angestellte Untersuchungen der Naturforscher, und ihre wiederholter bestätigte Erfahrungen weiß man nunmehro gewiß, daß die Natur keinen Sprung leide; daß in ihrer großen Werkstätte der verschiedenen Naturreiche — alles Stufenweise und gleichsam durch Schattirungen unmerklich von einem Geschöpfe zum andern übergeht; und daß diese große

X   Stu-

Vorbericht.

Stufenleiter der Natur — davon wir jedoch nur wenige Sproſſen kennen; alle Geſchöpfe der verſchiedenen Naturreiche, ſo wie dieſe ſelbſt, durch gewiſſe Mittelartige Geſchöpfe auf das genaueſte mit einander verbindet, oder ſelbige gleichſam zu einer großen Kette macht, deren erſtes Glied der Atomus, oder die elementariſche Erde, das letztere aber auf unſerm Erdboden — der Menſch ſelbſt iſt. — Eine unermeßliche Naturkette — die nunmehr vom Menſchen und vom Erdboden ſich höher aufſchwingt; alle übrige Welten — ſammt derſelben unzählbaren Geſchöpfen gleichergeſtalt mit einander verbindet; bey dem oberſten Geſchöpfe des Geiſter Reichs — dem erhabendſten Cherub,

Vorbericht.

rub, sich endiget; und somit alle erschaffene Wesen in ein unermeßliches Ganze der Schöpfung, oder des Weltalls — zusammen fasset. Alle erschaffene Wesen in diesem großen Weltall — sind solchemnach als zusammenhängende Glieder dieser allgemeinen Naturkette der Dinge zu betrachten, und alle Naturreiche sammt ihren Geschöpfen durch gewisse Mittelartige Geschöpfe unmerklich mit einander verbunden, deren eigentliche Naturbeschaffenheit auf unserm Erdboden — denn die übrige schönste Theile jener großen Naturkette verbirgt uns noch eine dicke Wolke! die Naturforscher bis daher in ihren Untersuchungen sonderheitlich beschäftiget hat. —

Unter

Vorbericht.

Unter diesen irdischen Mittelarti-
gen Geschöpfen und Verbindungsgliedern der verschiedenen Naturreiche sowol,
als derselben gleich verschiedenen Arten
oder Gattungen von Geschöpfen, scheint
nun sonderheitlich im Thierreiche — das
oberste Thiergeschöpf und der erste der
Affen — Orang-Outang oder Wald-
mensch genannt, wegen seiner Aehnlichkeit mit dem Menschen, das bewun-
dernswürdigste Mittelgeschöpf zwischen dem
Thier- und Menschengeschlechte, das gröste
Meisterstück der Natur! und beynahe selbst
ein Zwitterartiges Geschöpf von Thier
und Mensch — oder nach Art jener
Thierpflanze — ein würklicher Thiermensch
zu seyn! — Lange hat man auch besagten
Affen

Vorbericht.

Affen für einen solchen Halbmenschen
angesehen, bis endlich unsere neuere große
Naturkündiger die eigentliche Naturbeschaffenheit dieses sogenannten Waldmenschen genauer untersucht, und zuletzt entdeckt haben: daß derselbe seiner großen
Aehnlichkeit mit dem Menschen ohngeachtet, gleichwol nur ein eigentliches Thier
sey! — Eben diese Entdeckungen hat man
nicht weniger auch bey den übrigen Zwitterartigen Mittelgeschöpfen in den verschiedenen Naturreichen gemacht, und dadurch endlich sich überzeugt gefunden: daß
es im ganzen Naturreiche keine würkliche
Zwitter oder doppelartige Geschöpfe
gebe; daß die vermeinte Doppelart derselben nur scheinbar sey, und daß alle

diese

diese sonderbare Geschöpfe ihrer eigentlichen Naturbeschaffenheit nach, allerdings nur zu einer Gattung der Geschöpfe gehören, obwol dieselbige von der andern Gattung, mit der sie unmittelbar in Verbindung stehen, mehr oder weniger Aehnlichkeit an sich haben, wodurch sie die beynahe unmerklichen Fortschritte der Natur in den Geschöpfen bezeichnen, und daraus dem Naturforscher endlich kenntbar machen: daß die Natur nirgends einen Sprung thue, sondern ihre große Stufenfolge von Sprosse zu Sprosse, gleich genau befolge, und alle erschaffene Wesen des ganzen Weltalls — vom Atomus an, bis zum obersten Cherub — durch jene Mittelgeschöpfe gleichsam schat-

schattirend aneinander reihe; — vielleicht um diesen großen Weltall in seiner bewundernswürdigen Mannigfaltigkeit — dadurch im Ganzen mehr Glanz, und Schönheit und Uebereinstimmung zu geben! —

Nachfolgende untersuchende Betrachtung des Verfassers über gedachte gleich bewundernswürdige Mittelgeschöpfe — wobey derselbe den gemachten Entdeckungen der heutigen großen Naturforscher überall nachzuspühren sonderheitlich beflissen gewesen ist, dürfte die gelehrte Neugier der Naturliebhaber in Betracht der eigentlichen Naturbeschaffenheit dieser vermeintlich zwitterartigen sonderbaren Mittelgeschöpfe in den verschiedenen Natur-

rei

Vorbericht.

reichen ohnfehlbar eben so gewünscht ver-
gnügen und angenehm unterhalten, als
solche dem Verfasser zur gleich angenehmen Belehrung und vergnügenden Unter-
haltung würklich gedient hat.

Heilbronn
im August 1787.

der Verfasser.

Erster

Erster Abschnitt.

Reisebemerkungen vom Orangoutang.
Aehnlichkeit dieses Affen mit
dem Menschen.

Das eigentliche Thiergeschlecht der Affen
gränzet seiner körperlichen Aehnlichkeit
wegen so nahe an das Menschengeschlecht,
daß sonderheitlich zwischen dem Ersten der Affen,
dem sogenannten Orangoutang oder Waldmenschen, und dem untersten der vernünftigen Men-
schengeschöpfe, dem wilden Neger, in beyder
Vergleichung, dem äussern Ansehen nach, fast kein
Unterschied zu seyn scheinet. Würklich pflegen
auch diese Negers jenes ihnen ähnliche Affengeschlecht für eine fremde Nation wilder Menschen
anzusehen, und mit denselben oft in Händel zu
gerathen, wobey diese ihre vermeinte Feinde, mit
Stöcken und Prügeln bewafnet, gegen den Angriff
der Negers sehr geschickt und männlich sich zu
vertheidigen wissen. Sonderheitlich aber beginnet
ein solcher Kampf zwischen beyden Gränznachbarn,
wann jene beglaubte Waldmenschen unterweilen

A   der

der Kinder oder Weiber der Negers sich bemächtigen, und mit diesem erhaschten Raube sich in
ihre Wälder zurückziehen. Gemeinialich sind alsdann diese Negers Weiber und Kinder den Hän-
den ihrer Räuber sehr schwer wieder zu entreissen;
wiewol beyde während ihres Aufenthalts bey den
Orangoutangs, von denselben sehr wohl gehalten
werden, und erstere sogar derselben vertrautern
Umgangs geniesen, letztere aber gleichsam als
geborne junge Affen zurückkommen, und würkliche
Orangoutangs zu seyn scheinen! Unglaublich ist
es jedoch, daß jene Negerinnen nach ihrem vertrautern Umgange mit dem männlichen Geschlechte
der Orangoutangs — bald junge Negers — und
bald auch natürliche Abkömmlinge dieses Affen-
geschlechts — würklich zur Welt bringen sollen!
Wenigstens dürfte nach dem neuern Zeugungssy-
stem, kein Naturkenner diese Reise Nachricht im
letztern Betrachte, für eine sichere Wahrheit un-
terschreiben, und vielleicht selbst auch in ersterer
Rücksicht, noch für sehr zweifelhaft halten! —
Indessen ist der vertraute Umgang jener Negerinnen mit den Orangoutangs auf Seiten ersterer,
keineswegs freywillig; sondern von diesen nach
ihrem gelungenen Weiberraube blos erzwungen;
indem besagte schwarze Schönen diese ihnen nach-
stre-

ſtrebende verliebte Affengeſichter vielmehr fürchten
und für ihnen zu fliehen pflegen; auch nur gele-
genheitlich von ihnen würklich erhaſcht und mit
Gewalt entführet werden können. —

Sowol dieſe, als auch anderweite gleich
ſonderbare Reiſe Nachrichten von ermelten Orangoutangs — denn noch nie hat ein ſolcher Wald-
menſch, wegen ſeines angebornen heiſſen Clima,
und dadurch ſehr zärtlicher Leibesbeſchaffenheit,
lebendig nach Europa übergebracht werden können! — ſonderheitlich aber die ohnleugbare
große Aehnlichkeit dieſer Art Affen mit dem Menſchengeſchlechte, haben viele unter den ältern
Naturforſchern zu der irrigen Meinung verleitet:
den Orangoutang — nach der ſonſt im Naturreiche überall wahrgenommenen beſondern Stufenfolge der Natur bey allen Erdgeſchöpfen — für
ein gewiſſes Mittelgeſchöpfe zwiſchen dem würklichen Thier- und Menſchengeſchlechte — zu beyder
gleichmäßiger unmerklichen Verbindung vermeintlich anzuſehen, nachdem man einmal dergleichen
doppelartige Geſchöpfe ſowol ſelbſt zwiſchen den
verſchiedenen ganzen Naturreichen — als auch
zwiſchen den in ſelbigen befindlichen verſchiedenen
Arten oder Gattungen der ſo mancherley lebloſen
und belebten Geſchöpfe — zu beyderley gleich

A 2   ge-

genauern Verbindung allbereits wahrgenommen zu haben glaubte! Denn so hatte der neugierige Beobachtungsgeist dieser Naturforscher den beynahe unmerklichen Fortschritten der Natur in ihren verschiedenen Reichen mit geschärften Blicken und selbst mit bewafneten Augen überall nachgespühret, und dadurch entdeckt: daß die Natur nirgends einen Absprung mache, oder gewisse Gränzlinien ziehe, sondern fast unmerklich, mittelst jener Art von Mittelgeschöpfen, von einer Substanz – und einem Geschöpfe zum andern – und so auch aus einem Naturreiche in das andere, — würklich übergehe, und somit alles wesentlich mit einander verbinde, oder gleichsam zusammenfette.

Zweyter Abschnitt.
Die Stufenfolge der Natur in den Geschöpfen des Stein-und Pflanzenreichs.

Selbst der erste Ausgang der immer fortwürckenden, und dabey immer mehr vervollkommenden und vergrössernden Natur vom ersten Grundstoffe aller Zusammensetzung der festen Körper — von der unveränderlichen elementarischen reinen Erde -- als der ersten Sprosse ihrer großen Stu-

Stufenleiter, war der Aufmerksamkeit und Beobachtung ermelter Naturforscher nicht entgangen;
und sie hatten wahrgenommen, daß die Natur
aus diesem ersten Grundstoffe der elementarischen
Erde mittelst Zusammensetzung und Vermischung
mit andern elementarischen Theilen, alle übrige so
verschiedene Erdgeschöpfe mit immer gleicher Zu-
bereitung und mehrerer Vervollkommung zur
Würklichkeit bringe. So waren ihre Untersuchungen und Beobachtungen der Natur nach den beynahe unmerkbaren Fortschritten derselben, gleich
unmerklich von jener elementarischen Erde -- zu
den Harzen und Schwefeln und metallischen
Substanzen; -- dann zu den Vitriolen, Salzen
Kryställen und Steinarten bereits fortgerückt;
als diese fleißige und unermüdete Naturforscher
bey letztern durch die genauere Zergliederung gewisser sonderbaren Steinarten von faserigen oder
blätterigen Steinen, sonderheitlich aber der sogenannten Meerpflanze -- mit großer Verwunderung endlich gewahr wurden: daß sie ganz ohn-
vermuthet allbereits im Pflanzenreiche sich befän-
den; -- da sie jedoch mit ihren Untersuchungen
noch im Mineral- oder Steinreiche zu seyn
glaubten! -- Eine allerdings sehr unmerkliche
Versetzung aus einem Naturreiche in das andere!

A 3 wenn

wenn man anders jene Steinarten und Meerpflanzen würklich für ein solches Kettenglied annehmen könnte, welches beyde große verschiedene
Naturreiche und derselben gleich verschiedene
Gattungen von Substanzen und organisirten
Körpern -- mittelst jenes vermeintlich doppelartigen Mittelgeschöpfs -- ganz unmerklich mitein-
ander verbände, und gleichsam zusammenkettete! -
Indessen wurden jene sogenannte Steinarten
oder Meerpflanzen in der ersten Verwunderung
würklich dafür angenommen; und nun verfolgten
die dadurch ins Pflanzenreich beglaubter versetzte
Naturforscher die Natur auch in diesem Reiche --
auf ihrer gleichen Stufenleiter von einer Sprosse
zu der andern, da sie jetzt in den innern Gränzen
des Pflanzenreichs -- von den allerkleinsten
Schimmelpflanzen zu den Pilsen und Schwäm-
men, -- von diesen zu den Kräutern - Gesträu-
chen - und Bäumen -- allmählig immer weiter
fortrückten, ohne jedoch auch bey diesen an sich
so verschiedenen Naturgeschöpfen und derselben
besondern Arten -- gleichermassen einen sonderli-
chen Absprung - oder Uebersprung der Natur von
jener Schimmelpflanze an, bis zum Riesenmäsigen
Eichbaume - würklich bemerkt zu haben! - Eine -
in Betracht beyder so unendlich weit von einander

der abstehenden Naturgeschöpfe, allerdings sehr wunderbare Stufenfolge der Natur, auch in belebtem Pflanzenreiche! --

Dritter Abschnitt.
Uebergang derselben ins Thierreich.

Noch weit wunderbarer aber die gleich unmerkliche natürliche Verbindung dieses an sich ganz leblosen — mit dem angränzenden überall belebten Thierreiche! -- und doch entdeckten die emsigen Naturforscher zuletzt mit sonderbarem Erstaunen, sogar auch zwischen diesen beyden so verschiedenen Naturreichen, zu derselben gleich unmerklichem Verbande, ein doppelartiges Mittelgeschöpf -- dessen zwitterhafte Natur theils noch ins Pflanzenreich -- und theils auch zum Thierreiche gerechnet werden konnte; -- weil sein organisirter Pflanzenkörper allem Ansehen nach, zu jenem gehörte -- sein würkliches Leben aber zugleich auch eine besondere Thierart zu erkennen gab, und in beyder Betrachte solchemnach allerdings für ein solches Kettenglied zwischen gedachten beyden Naturreichen -- und derselben so verschiedenen Geschöpfen angenommen werden konnte, und auch würklich dafür angenommen wurde! --

Dies

Dies war die so wunderbare sogenannte Thierpflanze -- oder der Thier - und Pflanz artige
Polyp! -- Eine der sonderbarsten Entdeckungen
in der Natur! -- aber ohnleugbar auch eine der
Wunderbarsten! -- ohngleich wunderbarer noch,
als jene Meerpflanze! -- und, daferne es mit
beyden seine ganz ungezweifelte Richtigkeit hätte!
allerdings auch ein doppelt überzeugender Beweiß
von würklichen Zwitterarten unter den Naturgeschöpfen -- zum Behuf jener angenommenen grossen Stufenfolge der Natur bey allen Geschöpfen
des Erdbodens. -- Indessen glaubten die Naturforscher bey der Entdeckung dieser belebten Thierpflanze nach der fast unmerkbaren Stufenfolge
der Natur, eben so unmerklich wiederum aus dem
Pflanzenreiche -- ins Thierreich würklich überge-
setzt zu seyn, als sie vorher bey der anfänglichen
Beobachtung des Mineral - und Steinreichs --
mittelst der entdeckten Meerpflanze -- zu ihrer
großen Verwunderung vermeintlich schon im
Pflanzenreiche sich befanden, ohne jedoch zwischen
beyden so verschiedenen Naturreichen, auch nur
die allermindeste Gränzscheidung würklich
bemerkt zu haben. --

Vierter

Vierter Abschnitt.

Infusions = und Saamenthierchen, samt Mikroscopischen Beobachtungen derselben.

Schon durch diese erste und seltendste Art von Thieren -- den so wunderbaren Polyp, zu noch größerer Neugier in diesem überall belebten uner= meßlich großen Naturreiche gereizt, und von klei= nern Thierarten zu noch immer kleinern kaum mehr sichtbaren Gattungen hingezogen; -- stellten nunmehr die Naturforscher in dieser Region des Thierreichs ihre Untersuchungen mit bewafneten Augen fort; und entdeckten endlich durch ihre zu dem Ende immer mehr vervollkommte und zum bessern Gebrauch eingerichtete Vergrösserungsglä= ser in diesem großen Naturreiche - eine bis daher noch ganz unbekannt gebliebene, und dem mensch= lichen Auge auch noch jetzt ganz unsichtbare neue Welt der allerkleinsten sogenannten Infusions= oder Saamenthierchen -- welche nach den darüber angestellten mikroscopischen Beobachtungen ermel= ter Naturforscher, im Weinessige -- im fauligtem Regenwasser -- in den Säften der Pflanzen und Thiere -- wie auch des gekochten oder gebratenen

A 5

Flei=

Fleisches — und besonders im männlichen Saa-
men — davon sie auch die Benennung erhielten,
gleich kleinen Aeälchen - willkürlich herumschwam-
men; — entdeckten sogar auch unter selbigen verschiedene Geschlechter, verschiedene Gattungen,
und - welches noch unglaublicher zu seyn schiene,
sogar wiederum dergleichen schon belebte Thiergen
in den Leibern der weiblichen Geschlechter! ---
Eine freylich ganz sonderbare und ausserordentliche Entdeckung einiger meisterhaften Seher unter
diesen Naturforschern (*), welche den übrigen
Sehern und Nichtsehern desto unglaublicher und
unbegreiflicher vorkam, weil sie jene Entdeckungen
nicht ebenermasen wahrneьnien konnten, und daher verschiedene Zweifel dargegen erregten, die
bey

(*) Der berühmte Leeuwenhoeck — der sich bey diesen
Beobachtungen der besten Mikroscope bediente, hat
diese unsichtbare kleinste Thierwelt in seinen Briefen
zuerst bekannt gemacht, und hierdurch auch andere
Naturkündiger veranlaßt, nach ihm gleiche Beobach=
tungen anzustellen, und seine gemachten Entdeckun=
gen als unleugbare Wahrheiten zu bekräftigen, wiewol Needham — Buffon — und andere, die bey die=
sen Beobachtungen entweder nicht so geübt waren,
oder nicht so gute Mikroscope hatten! dergleichen
nicht sehen konnten, und daher an der Wahrheit
zweiffelten.

bey den noch unglaubigern Nichtseher̃n vielmehr
den Gedanken getäuschter Einbildungen jener
Meisterseher allerdings erwecken mußten! Indeß-
sen sind die so wunderbar oder fabelhaft scheinende Entdeckungen derselben nach der Hand auch
von neuern berühmten Naturforschern (*) gleich-
falls wahrgenommen, und die Gewißheit dieser
mitroscopischen Beobachtungen dadurch nicht nur
ausser Zweiffel gesetzt, sondern auch sogar mit
noch weit wunderbarern Wahrnehmungen würklich vermehrt worden! -- (**) Allerdings erschei-
net

(*) Ledermüller - Bonani - Hill - Jablat -
Bonnet - Wrisberg - und zwar letzterer in
seinen allerneuesten Beobachtungen: de animal-
culis infusoriis statura. Eine Preißschrift.
Göttingen 1765. --

(**) Der unter andern berühmte mikroscopische Seher
Ledermüller — welcher zu dem Cuffischen besten
Mikroscove, das einen Durchmesser auf 130mal ver-
größert, noch eine besonders vortheilhafte Stellung
erfunden hatte, sahe hierdurch zu noch größerm Er-
staunen der übrigen Zweifler, nicht nur die von
Leeuwenhoeck entdeckte und beobachtete allerkleinste
Tierwelt, so wie solche nach der Hand von andern
mehr war gesehen und beobachtet worden; sondern
sahe sogar auch in den willkürlich sich bewegenden
Schlängleins des Essigs und Kleisters — lebendige
Junge

net auch hieraus, daß die Natur in ihrer gewöhn-
lichen Stufenfolge -- noch ohnübersehbarer ins
Kleine hinunter -- als zum Größern würklich
aufsteige, und solchemnach in beyden gleiche --
wiewol kaum bemerkliche Fortschritte halte! --

Fünfter Abschnitt.
Stufenfolge der Natur im Thierreiche, samt den Verbindungsgliedern oder Mittelgeschöpfen desselben.

Gleichwol haben bey jenen so vielen Schwie-
rigkeiten und Zweiffeln unterworfenen mikroscopischen Beobachtungen, die Naturforscher ihre
weiteren Untersuchungen in dem so gränzenlosen
Thierreiche mit unbewafneten Augen vielmehr im
Großen fortgestellt; und so sind dann auch dieselben von der kleinsten noch sichtbaren Milbe --
zu der immer mehr und mehr aufsteigenden Größe
dieses untersten Thiergeschlechts der Würmer --

bey

Junge mit ihrer Bewegung im Mutterleibe, nebst
vielen Eyerchen und Embryonen! — und da er ein
solches Saamenthierchen — zerschnitt; sah er endlich
3 junge lebendige Schlänglein und 12 Embryones
aus dem kleinen Leibe herauskommen. — Das heißt
doch in der That Meisterhaft gesehen! . .

bey den Fortschritten der Natur immer höher auf-
gestiegen; um sowol die Veränderungen der Natur
in den verschiedenen Gattungen der Thierge-
schlechter zu beobachten, als nicht weniger auch
die Mittelgeschöpfe oder Zwitterarten, als natürliche Verbindungsglieder derselben, neugierig auf-
zuspüren, und dadurch die besonderen Sprossen
jener großen Naturleiter ausfindig zu machen,
worauf die Natur auch im besagten Thierreiche -
von einer Sprosse zu der andern, bis zum obersten Erdgeschöpf -- dem Menschen, allmählich
hienaufsteiget, und somit alle diese natürlich an
einander gereihete, oder wesentlich mit einander
verbundene belebte Geschöpfe -- gleich einer auf-
geschlungenen großen Kette, ohne wesentlichen
Unterschied, so, wie in jenen ihrer erstermelten
beyden Reiche, zu einem einzigen großen Ganzen
verbindet. -- Welch einen wunderbaren und allerdings Erstaunungswürdigen Zusammenhang so
verschiedener Wesen von leblosen und belebten, --
unbeseelten und beseelten, -- wie auch vernunft-
losen und vernünftigen; -- selbst dem Schöpfer
ähnlichen Erdgeschöpfen; -- würde dieses unermeßliche Ganze würklich ausmachen müssen! --
und wie unerklärbar dabey die wesentliche Verbindung dieser Geschöpfe würklich seyn; -- da-

ferne

ferne keine weitere Zweiffel dargegen vorwalteten,
und jene vermeintlich zwitterartige Geschöpfe die
ohnfehlbare Gewißheit dieses sonderbaren Naturverbands ohnleugbar zu Tage legen sollten! Gleich-
wohl fanden ermeldte Naturforscher beglaubter
hiervon immer mehr sich überführt, als dieselben
beym weitern Verfolg ihrer Nachspürungen dieses unbegreiflichen Naturverbands, sonderheitlich
jetzt im Thierreiche noch mehrere Untersuchungen,
und Beobachtungen, von der Art würklich an-
stellten, und dabey mit ihren bewafneten Augen
auch selbst die innerste - menschlichen Blicken bis
daher verborgene Geheimnisse der Natur in ihren
Wirkungen auszuspähen unternahmen. Mit
neuem Erstaunen wurden sie jetzt bey Untersuchung der verschiedenen Gattungen von Würmern--
und der genauern Beobachtung eines sich einge-
sponnenen und dadurch für todt und begraben
zu seyn beglaubten Wurms, oder sogenannten
Puppe -- nicht nur noch ein Leben, sondern sogar
auch während des schlafenden Zustands dieses von
aussen erstorbenen Wurms, ein inneres Fortwür-
ken der Natur in seiner todten Hülle gewahr,
das ihren neugierigen Beobachtungsgeist bald um
so mehr auf sich zog und gleichsam anfesselte, als
sie hier zu einer neuen Entdeckung sich Hoffnung

machen

machen konnten, und in der That auch eine der
sonderbarsten Naturerscheinungen dahier zum
Vorscheine kommen sahen! -- Würklich hatte die
Natur bey dem äussern Hinsterben des Wurms
aus seinem innern Lebenskeime eine ganz andere
Gattung von Geschöpfen, eine neue Thierart
gebildet, die nunmehr ihrer verborgenen Werk-
statt -- der äussern todten Hülle des Wurms
und ihrem Geburts- oder Verwandlungsort künst-
lich entschlupfte, und in der Gestalt eines beflügelten Insekts -- in ihr Element die Luft, sich
aufschwang. -- Ohnstreitig eine der sonderbarsten
Naturverwandlungen, -- die Verwandlung eines
kriechenden Erdwurms in einen beflügelten Luft-
bewohner, den herumflatternden Schmetterling!
dessen tausendfache Mannigfaltigkeit und bunt-
farbigte Schönheit, in schattirter Vereinbarung,
das schönste Schauspiel der Natur so, wie nicht
weniger auch die größte Zierde der Naturalien-
kabinette ausmacht! --- dessen Entstehungsart
aber auch die beynahe unmerkliche Uebergänge
der Natur von einer Thierart zu der andern, so,
wie die wesentliche Verbindung und immer mehr
und mehr aufsteigende Vervollkommung derselben solchemnach augenscheinlich zu erkennen giebt.

Eben so entzückt über den um sie herum
flat-

flatternden bunten Schmetterling — als zugleich
erstaunt über diese wunderbare Naturbegeben-
heit, — befanden sich endlich die beobachtende
Naturforscher der Puppe jenes Wurms — über
der sorgfältigen Untersuchung desselben, ohnvermerkt von dieser untersten Gattung der Thiere
und kriechenden Würmer — schon um eine grosse
Stuffe höher — in der Sphäre der beflügelten
Insekten und bunten Schmetterlinge; einer ganz
andern Art von Thiergeschöpfen! deren gleich
weit ausgebreitetes besonderes Feld in diesem
Naturreiche - ihnen nunmehr nicht weniger Ver-
schiedenheiten und ähnliche Fortschritte der Natur
von einer Gattung zu der andern, als das ver-
lassene Gebiete desselben an ersagten Würmern,
nach und nach kennbar machte. — Und so sind
diese unermüdete Naturforscher in dem grossen
Thierreiche hierauf gleichermassen Schritt vor
Schritt, mit ihren Beobachtungen immer weiter
fortgerückt, und mit gleich unmerklichen Ueber-
gängen der Natur von einer Thiergattung zu der
andern, mittelst immer ähnlicher Doppelarten,
erst zu den Schaalthieren - als welche die Natur
mit den Insekten zu verbinden scheinet! — dann
zu den Schnecken, von diesen zu den Fischen —
zu den Vögeln — zu den vierfüßigen Thieren —
enb-

endlich zu dem zweyfüßigen Geschlechte der Menschen ähnlichen Affen — und von diesem zuletzt
in gleicher Stufenfolge, zu dem Menschen selbst
ganz ohnvermerkt übergeleitet worden.

Sechster Abschnitt.

Naturverband des Thierreichs mit dem Men-schengeschlechte, samt der Aehnlichkeit des Affen mit dem Thier-menschen.

Nie haben besagte Naturforscher bey ihren und
der Natur gleich ohnmerklichen Fortschritten im
Thierreiche — eine andere Verbindung der so verschiedenen Thiergattungen, als jene zwischenähn-
liche oder doppelartige Zwittergeschöpfe wahrgenommen; durch selbige aber zugleich auch von
der augenscheinlichen Gewißheit dieses sonderbaren Naturverbands, vom ersten Urstoffe der elementarischen Erde — durch alle daraus vermischter
gebildete, oder ursprünglich entstandene, und also
wesentlich mit einander zu einem großen Ganzen
vereinbarte Erdgeschöpfe bis zum obersten derselben, dem Menschengeschlechte, — ganz augenscheinlich sich überführt zu halten. Wenigstens
haben ermelte Naturforscher zum offenbaren Be-

B weise

weise jenes sonderbaren Naturverbands der so
verschiedenen Arten oder Gattungen von Geschöpfen in letztbesagtem Thierreiche — unter andern
dergleichen beglaubten doppelartigen Zwitterge-
schöpfen — den Frosch, die Eydere, den Krebs,
die Wegschnecke, den Aal und die Schlange, den
fliegenden Fisch, das fliegende Eichhorn, die
Fledermaus, den Strauß, den Affen, und endlich den Vrangoutang -- als solche ohnleugbare
Mittelgeschöpfe oder Kettenglieder dargestellt,
wodurch die Natur jene verschiedene Thiergattungen sowol unter sich, als endlich auch mit dem
Menschengeschlechte -- natürlich oder wesentlich
verbinden, und solchemnach alle Geschöpfe des
Erdbodens als Glieder jener großen Naturkette -
würklich vereinbaren solle! Mit staunender Be-
wunderung — schreibt daher ein großer Naturkenner: (*)

„bemerken wir in dem Reiche der Natur über-
„haupt eine ganz unermeßliche Stufenleiter,
„und allgemeine Kette der Dinge, die alle We-
„sen vereiniget; alle Welten verbindet; alle
„Sphären umgiebt; und wovon der Atomus
„das

(*) Bonnet -- in seiner Betrachtung über die
Natur.

„das erste Glied -- der erhabendste Cherub
„aber das letzte ist! --

Nicht weniger schreibt ein anderer berühmter
Schriftsteller (*) mit gleicher Behauptung:

„In der unendlichen Leiter der lebenden und
„beseelten Geschöpfe -- steht der Mensch wie es
„scheint, in der Mitte; und verbindet die Welt
„der Geister mit dem unabsehbaren Reiche der
„Thiere! -- Seiner Gestalt nach scheinet er
„weiter nichts als das schönste und vornehmste
„unter allen Thieren zu seyn! — Nehmt die
„Vernunft weg; — und dann bleibt der Thier-
„mensch übrig. —

Diesen Thiermenschen hat endlich ein sonst berühmter Philosoph (**) -- so weit von der Vernunft entfernt, und so tief unter die Menschheit
herabgesetzt, -- daß solchemnach zwischen einem
Neger oder Hottentotten und einem Orangoutang oder Menschen ähnlichen Affen -- wenig
oder gar kein Unterschied mehr statt finden; und
so nach auch vermöge jener Stufenleiter der Natur, letztermelter Affe dem Menschengeschlechte

B 2   ohn-

(*) Wieland - in der Platonischen Betrachtung
über den Menschen: Prosaische Schriften
1ter Theil.

(**) Rousseau in seinem bekannten Emil. —

ohnfehlbar sehr nahe kommen, wo nicht selbst
ein Thier - und Menschengleiches wahrhaftes
Zwittergeschöpf würklich abgeben müßte! -- Allein
so leicht auch nach anderer Philosophen Meynung: aus einem Neger oder Hottentotten wegen beyder wesentlich eigenen Vervollkommungs-
fähigkeit (*Perfektibilität*) durch die Erziehung,
vielleicht ein zweyter Aristoteles - Newton - oder
Leibniz -- sich dürfte bilden lassen! — So un-
möglich würde es doch seyn, aus jenem Menschen ähnlichen Affen oder Orangoutang -- bey
allem angewandten Fleiße, wegen seiner blos
thierischen Naturbeschaffenheit oder Wesenheit,
auch nur einen wilden Neger oder Hottentotten -
jemals hervorzubringen! -- Ein ohnfehlbar sehr
überzeugender Beweiß von dem zwischen jenem
Menschen ähnlichen Affen und dem Menschen
selbst allerdings vorwaltenden großen Unterschie-
de! -- so wie nicht weniger ein Beweiß des gleich
großen Vorzugs eines auch noch rohen Naturmenschen vor allen Thieren! -- und endlich ein
Beweiß: daß es mit dem vermeinten Naturbande
zwischen den bloßen Thiergeschöpfen und dem
Menschengeschlechte — in Betracht jenes Menschen ähnlichen Affen, als eines zwischen beyden
angenommenen Kettenglieds — weder seine so

ganz

ganz unbezweifelte Richtigkeit haben, noch auch
der von jenem philosophischen Sonderlinge so
Thierartig abgebildete rohe Naturmensch -- würklich von der Beschaffenheit seyn müsse! wie sel-
biger von diesem über das ganze vernünftige
Menschengeschlecht bekanntlich mismuthigen oder
ingrimmischen Philosophen in seinem Gehirne und
in jenem Werke gleichsam neu ist erschaffen worden! -- Wenigstens sind menschenfreundlichere
Weltweise zur Ehre der Menschheit, sogar auch
von dem rohen Naturmenschen, -- wann es anders dergleichen würklich geben sollte, oder vielmehr geben kan; -- da der auf die Welt kom-
mende Mensch ohne menschlichen Beystand und
menschliche Auferziehung -- seiner ganzen Naturbeschaffenheit nach, nicht einmal würde leben,
noch weniger gleich den selbstgefräßigen Thieren,
sich allein würklich fortbringen können! -- eines
ganz andern überzeugt; und einer unserer belieb-
testen philosophischen teutschen Schriftsteller (*)
sagt daher wohl nicht unrecht von jenem men-
schenfeindlichen Philosophen:

„Man lasse Rousseauen immerhin betrüglich
„vernünfteln! -- Der Schöpfer hat seine Men-
        B 3   „schen

(*) Abbt - vom Verdienste: vermischte Schrif-
    ten 1. Theil, 3. Hauptst. S. 194.

„schen nicht gemacht, um bloß wie das Vieh
„zu leben; -- sonst hätte er ihnen auch nur
„Seelen des Viehes gegeben! -- Menschliche
„Seelen sind einer weitern Ausbildung fähig. -
Nicht aber auch jene Menschen ähnliche Affen
oder Orangoutangs -- als von welchen zum
überzeugenden Beweise: daß selbige weder vermeinte Halbmenschen -- noch auch selbst eine
gewisse Art oder Gattung wilder Menschen; --
sondern aller ihrer Menschenähnlichkeit ohngeachtet weiter nichts als bloße Thiere sind! -- einer
unserer heutigen größten Naturkenner (*) unter
andern sagt:

„Der Orangoutang ist ein Thier, und ungeach-
„tet seiner Aehnlichkeit mit dem Menschen,
„gleichwol weit entfernt der Zweyte unserer
„Gattung zu seyn; -- nicht einmal der Erste
„in der Ordnung anderer Thiere; -- weil er
„noch nicht das geschickteste ist! -- Und es ist
„bloß diese körperliche Aehnlichkeit, worauf sich.
„das Vorurtheil der großen Meinung gestützt
„hat, die man sich von der Fähigkeit dieses
„Affen machte. Denn gleichwie seine Natur
„lebhaft, sein Temperament heiß, und seine
„Natur

(*) von Büffon in der Naturgeschichte --
vom Affen.

„Natur muthwillig ist; auch seine Leidenschaf-
„ten nie durch die Erziehung vertilgt werden
„können; so sind alle seine Angewohnheiten
„*excessiv*, -- und mehr den Handlungen eines
„Rasenden, -- als eines Menschen, oder auch
„nur eines stillen Thiers ähnlich. Daher kömmt
„es auch, daß wir ihn so ungelehrig finden;
„und daß er dasjenige nur sehr schwer behält,
„was wir ihm angewöhnen wollen. Er ist
„unempfindlich gegen Schmeicheleyen, und ge-
„horcht nur bey Züchtigungen. Man kan ihn
„daher wohl an der Kette, aber nie frey im
„Hause halten. --

Ohnfehlbar eine sehr überzeugende Abbildung der
bloßen Thierart dieses Menschen ähnlichen Affen,
den andere vermeintlich für einen Halbbruder des
wilden Negers -- wo nicht selbst für eine wilde
Menschenart würklich angesehen haben! -- Und
so hat es nicht weniger auch mit den übrigen
vermeintlich doppelartigen Thiergeschöpfen, --
ohngeachtet derselben Aehnlichkeit mit zweyen
wesentlich verschiedenen besondern Thiergattungen, im Grunde die nemliche
Beschaffenheit.

Sie-

Siebenter Abschnitt.

Eigentliche Naturbeschaffenheit der Verbindungsglieder oder doppelartigen Naturgeschöpfe.

Diese sonderbar scheinende doppelartige Geschöpfe sind jedoch im nähern Betrachte, nie als wahrhafte Zwitter — oder wesentliche Theilnehmer zweyer besondern Thierarten — zwischen welchen sie ihrer Doppelähnlichkeit hälber, gleichsam für besondere Mittelgeschöpfe und sogenannte Ketten- oder Verbindungsglieder pflegen angesehen zu werden! — sondern ihrer eigentlichen Naturbeschaffenheit oder Wesenheit nach, immer nur als blos einseitige — zu einer oder der andern Gattung gehörige Geschöpfe, würklich befunden und erkannt worden. — Denn so gehört unter andern sonderheitlich der so wunderbar scheinende fliegende Fisch — seiner großen Floßfedern ohngeachtet, noch zu den Fischen; weil ihm jene blos darum auf eine kurze Zeit zu Flügeln dienen müssen, um einen ihm nachstrebenden Erbfeinde seines nassen Elements dadurch zu entgehen! — Und so wird nicht weniger auch wohl jener Goliat unter den Vögeln und befiederte Ge-

Geſchwindläufer unter den Rennthieren, — der
dadurch gleich ſonderbare Strauß — wohl ohnleugbar noch zu den befiederten und beflügelten
vögelartigen Geſchöpfen müſſen gerechnet werden,
ohngeachtet der wilde Neger ſelbigen, ſo wie der
Lappländer ſein Rennthier, bald zu ſeinem Poſt-
pferde gebraucht, bald auch für ſeinen Karren
ſpannt, und damit in unglaublicher Geſchwin-
digkeit gleichſam im Fluge davon rennt! — We-
nigſtens dürften bey noch übrigen Zweifeln gegen
die vogelartige Naturbeſchaffenheit dieſes Ge-
ſchwindläufers — zum Theil die Eyer — welche
der Strauß in den Sand legt, und ſelbſt aus-
brütet — oder auch der Sonne zum ausbrüten
überläßt; — theils ſein dummer Gänſekopf —
das befiederte Geſchlecht des Straußen verrathen,
wann nicht auch ſeine Federn in Flügeln und
Schwanze, — ſo, wie dieſe ſelbſt, ohnerachtet
ſeiner übrigen Aehnlichkeit mit dem Kameele —
ſolches kenntbar genug machten! — Gleiche Be-
ſchaffenheit hat es ſogar auch mit den vermeintlich zwitterartigen Geſchöpfen im Stein- und
Pflanzenreiche. Denn ſo ſind die anfänglich für
ſo wunderbar angeſtaunte ſogenannte Meerpflanzen — in der Folge für nichts anders als Gehäuſe
gewiſſer lebender Geſchöpfe, oder Polypen Zellen,

B 5

nicht

nicht nur angenommen, sondern auch dargethan
worden: daß selbst die regelmäßigste Fossilie --
bey aller ihrer Aehnlichkeit mit den organischen
Gewächsen! -- von diesen gleichwol allemal, ja,
sogar auch von der allerunvollkommendsten, oder
am wenigsten organisirten Pflanze, -- noch sehr
weit abstehe! (*) -- Und selbst auch von der
gleich wunderbaren Thierpflanze -- oder dem
Polyp, von dem uns die Naturforscher und Be-
obachter dieser neuern sonderbarsten Naturerschei-
nung so viele Wunderdinge bereits erzählt haben; -- schreibt ein gelehrter Zweifler (**) vielleicht nicht ohne Grund:

„Ist es dann eine so ausgemachte Sache: daß
„die Wasserlinsen -- die man Polyppen nennt,
„wahrhafte Thiere sind? -- ich traue meinen
„Augen und meiner Einsicht sehr wenig; aber
„ich habe noch zur Zeit an dergleichen Polypen
„niemals etwas anders wahrnehmen können,
„als Arten kleiner und sehr feiner Linsen --
„die von der Natur der Fühlkräuter etwas an
„sich haben. --

Frey-

(*) S. Bonnet - Betrachtung über die Natur.

(**) Voltaire - in seinen vermischten Schriften: 4. Band.

Freylich war dieser gelehrte Zweifler kein großer Naturforscher -- kein mikroscopischer Beob. achter -- kein Geisterseher -- und vielleicht auch wohl ein allzu ungläubiger Thomas! -- Gleich= wohl aber kan man ihm als einem Philosophen darinne wohl nicht Unrecht geben:

„Daß man überhaupt in der Naturkunde den „Anfang damit machen müsse, -- daß man „zweifele! -- dann mit eigenen und andern „Augen untersuche! -- und daß man daher „auch nicht übel thue, wenn man bey gedachten „Polypen dem Zweifel so lange nachhänge, -- „bis eine hinreichende Anzahl wiederholter „Versuche uns überzeugt hab: daß iene Was= „serpflanzen oder Polypen -- würklich solche „Wesen seyen, welche Leben, Empfindung, Ge= „fühl und Gliedmasen -- als das wahre Thie= „rische, ohnleugbar besitzen. --

Allerdings muß man auch davon auf das ge= wisseste, und -- bey jenen nicht unbegründeten Zweifeln gegen die wahrhafte Zwitterart gewisser sonderbaren Naturgeschöpfe, auf das ohnumstöß= lichste würklich überzeugt seyn, wenn man anders nicht bey zugegebener oder befundener würklichen Existenz solcher Naturgeschöpfe -- mit Grunde zweifeln soll:

„Daß

„Daß der Oranzoutang bey seiner sonderbaren
„Aehnlichkeit mit dem Menschengeschlechte —
„gleichwol wesentlich nur ein bloßes Thier sey!
Eine erstaunliche Ausschweiffung! — wird man
denken, dieses sonderbaren Affens halber, alle
drey Naturreiche zu durchwandern, — und die
ganze Naturgeschichte zu plündern, — um ähnliche
Geschöpfe darzustellen, deren eigentliche Naturbeschaffenheit die Wesenheit ermelten Affens ausser
Zweifel setzen soll! — Ist dann — dürfte man
hierbey die Frage aufwerfen: an diesem Affen,
und seiner eigentlichen Naturbeschaffenheit so vie-
les gelegen? — oder letztere noch so sehr zweifelhaft, — daß man, um solche gewisser bestimmen
zu können, und der Sache auf den wahren Grund
zu kommen, — so viele Umschweife dabey nöthig
hat? — Eine gewiß nicht unnöthige Frage! —
Denn allerdings ist an der Gewißheit der wesentlichen Naturbeschaffenheit ermelten Affens —
nicht sowol um seiner eigenen thierischen Gering-
fügigkeit, als vielmehr um der ohngleich wichti-
gern Folgerungen willen, die man daraus für
die Menschheit gezogen hat! — besonders viel gelegen. — Denn ist der Menschen ähnliche Affe
seiner Wesenheit nach, nicht ganz Thier, sondern
würklich Menschenartig, und gleich jenen ver-

mein-

meinten Thierpflanzen oder Polypen, ein doppelartiges Thier- und Menschengeschöpf; — so ist
auch an dem würklichen Daseyn bis daher be-
zweifelter wahrer Zwittergeschöpfe in allen Naturreichen nicht mehr zu zweifeln! — So muß
man diese Doppelart von Geschöpfen nicht weniger für unleugbare Kettenglieder der Natur in
ihren verschiedenen Reichen und derselben gleich
verschiedenen Gattungen, würklich ansehen! — so
wird zugleich auch die beynahe unmerkliche Stufenfolge der Natur bey allen ihren Erdgeschöpfen — vom ersten Grundstof gedachter elementarischen reinen Erde an, — bis zum Menschen, —
ihre vollkommene Gewißheit dadurch erhalten! —
und so werden sich endlich auch wohl auf diesem
Naturpfade — der Mensch und das Thier, —
oder der wilde Neger und sein angränzender
Nachbar, der Orangoutang — auf halben Wege
begegnen; einander ihre Wesenheit mittheilen;
und als würkliche Halbbrüder sich
umarmen müssen! —

Achter

Achter Abschnitt.

Menschen ähnliche Affen und Naturmenschen, sammt beyder wesentlichen Verschiedenheit.

Wenigstens scheint Rousseau seinen hiernach gebildeten rohen Natur- oder Thiermenschen — mit diesem Menschen ähnlichen Affen — auf die Art verbrüdert zu haben! — Und so ist nicht weniger auch durch andere philosophische Träumer von eben diesem eingebildeten Naturmenschen — schon würklich viel Affenmäßiges geträumet und geschrieben worden! — Sonderheitlich aber behauptete jener Franzose (*) zum Behuf seines atheistischen Systems: nach welchem die Natur als eine blinde nothwendige — mechanisch würkende Kraft abgebildet wird! — folgende derselben angemessene Gedankenreihe:

„Die Natur habe von Bildung der Steine —
„der Metalle — der Salze — u. s. w. durch das
„ganze Pflanzen- und Thierreich hindurch — bey
„allen ihren Organisationen immer die Men-
„schenform zum Modell — oder zur Absicht
„ge-

(*) Robinet - in seinem Buche: *de la Nature.*

„gehabt, und nach langen Vorübungen und
„unendlichen unvollkommenen Versuchen in
„beyden Reichen -- solche endlich im Menschen
„ausgeführt! --

Nach dieser atheistischen Idee würde man sich
unter der Natur allerdings auch ein sehr unvoll-
kommenes Wesen -- bey dergleichen vermeinten
Vorübungen, und so oft mislungenen Versuchen
bis zur würklichen gleichsam zufälligerweise endlich zugetroffenen Ausführung gedachter Men-
schenform -- würklich gedenken müssen; keineswegs aber einen allweisen und allmächtigen
Schöpfer darunter annehmen können, der -- wie
ein schon oft angeführter großer Naturkenner (*)
ohngleich vernünftiger urtheilet:

„den menschlichen Leib eben nicht zu einem
„Modell machen wollte, das von den übrigen
„Geschöpfen des Erdbodens -- sonderheitlich
„aber von dem Körper eines Thiers -- ganz
„verschieden wäre! Vielmehr hat dieser große
„Schöpfer die Form des Menschen -- so wie
„die -- aller Thiere, in einen allgemeinen Plan
„mit begriffen; aber zu gleicher Zeit, als er
„dem Menschen die Affen ähnliche materielle
Ge-

(*) von Büffon - in seiner Naturgeschichte,

„Gestalt gab, durchdrang er auch den mensch-
„lichen Körper mit seinem göttlichen Hauche.
„Hätte er diese nemliche Gnade auch dem Affen
„mitgetheilt; so würde solcher bald der Neben-
„buhler des Menschen geworden seyn, —
der jedoch der alleinige Beherrscher aller übrigen
Kreaturen des Erdbodens seyn sollte! -- Und da
überhaupt auch die beglaubte Menschenähnlichkeit
dieses Affen -- so wie verschiedener anderer Thiere,
nur stückweise unter selbige vertheilt ist; so dürfte
folglich auch zwischen beyden weder ein Vergleich
im Ganzen würklich statt finden, noch auch eine
regelmäßige Stufenleiter der Natur daraus sich
zusammen setzen lassen; und mithin jene blos einzelne Aehnlichkeiten zwischen gedachten Thieren
und dem Menschen -- zu keiner weiteren Folge-
rung im Ganzen gezogen werden können!

Neunter Abschnitt.
Betrachtungen über die Aehnlichkeit der Thiere mit dem Menschen.

Gleichwol scheinet sogar auch ein teutscher
berühmter Gelehrter unserer Zeiten (*) auf die
allge-

(*) Heerder - in seinen Ideen zur Philosophie der
Geschichte der Menschheit: 1. Theil 1784.

allgemeine Hypothese verfallen zu seyn:

„Die Natur ändere zwar nach der Bestimmung
„und Lebensart jeder Gattung ihrer Geschöpfe
„die Bildung derselben; und schaffe aus eben
„denselben Theilen und Gliedern jedem Ge-
„schlechte seine eigene Harmonie des Ganzen;
„mithin auch seine eigene, von allen andern
„Geschlechtern organisch verschiedene Seele; sie
„behalte indessen aber doch unter allen eine
„gewisse Aehnlichkeit bey, und scheine solchem-
„nach einen Hauptendzweck zu verfolgen! —
„Offenbar sey dieser der: sich der organischen
„Form zu nähern, in welcher die meiste Ver-
„einigung klarer Begriffe, so wie auch der viel-
„artigste und freyeste Gebrauch verschiedener
„Sinne und Glieder statt fände; und eben
„dieses mache die mehr oder mindere Aehnlich-
„keit der Thiere mit dem Menschen! — nach
„jener großen Stufenleiter der Natur.

Wohl nicht unrecht sagt daher ein strenger Beur-
theiler dieser Hypothese, (*)

                          „Es

(*) Der mit Sg. unterzeichnete Herr Recensent
    des angezogenen Herderischen Werks — in
    der allgemeinen deutschen Bibliotheck: 61.
    Band, 2tes Stück, S. 324. sqq.

                      C

„Es scheint, als wann der Verfasser dadurch
„behaupten wolle: daß das Thier in den Vor-
„bildern der menschlichen Handlungsweise
„gleichsam geübt werden solle, um nach und
„nach in der Menschenähnlichkeit immer weiter
„gebracht, und endlich selbst zum Menschen
„vervollkommet zu werden! — Allein die Er-
„fahrung begünstigt diese Hypothese von all-
„mähliger Erhöhung und Vervollkommung der
„Thiere, weder in Absicht auf ganze Gattun-
„gen — noch auch auf einzelne *Individuen:*
„jene bleiben immer in den Gränzen, die ihnen
„einmal sind gesetzt worden; und eben so we-
„nig hat man auch Exempel, daß jemals ein
„Durangoutang bis zum Menschen hinauf —
„seye gebildet worden! — Will also der Ver-
„fasser nicht eine würkliche Seelenwanderung
„annehmen; so kan diese seine Progreßion und
„stufenweise fortgehende Menschenähnlichkeit
„bey den Thieren, so weit sie durch die Erfah-
„rung berührt wird, keinen andern Sinn ha-
„ben, als diesen: Wir bemerken an den Thieren,
„daß sie sich bald in diesem — bald in jenem
„Stücke, der menschlichen Handlungsweise mehr
„oder weniger nähern, und in mancherley ver-
„schiedenen Rücksichten einige Menschenähnlich-
„keit

„keit zeigen; aber dabey scheint es bey weitem
„nicht so ausgemacht zu seyn, wie es der Ver-
„fasser immer voraus setzt: daß es eine unun-
„terbrochene Reihe einer durchgängigen Men-
„schenähnlichkeit von dem niedrigsten Thierge-
„schöpfe bis zum Menschen hinauf — gebe,
„und daß das Affengeschlecht diese Reihe an
„den Menschen anknüpfe, und das Verbindungs-
„glied ausmache! — So viel ist gewiß, daß
„auch der Menschen ähnlichste Affe weit weniger
„Raisonement und weit weniger menschliche
„Denk- und Gemüthsart zeigt, als der nach
„der äussern Form, vom Menschen so weit ab-
„weichende grob organisirte Elephant; — und
„in der That, hätten wir auch keine andere
„Instanz als diese; so würde sie schon hinläng-
„lich seyn, die vorgegebene Harmonie zwischen
„der äussern Form und dem Seelenvermögen -
„und die ganze Hypothese von einer sich stufen-
„weise erhebenden durchgängigen Menschenähn-
„lichkeit zu widerlegen, oder wenigstens in so
„weit verdächtig zu machen, daß man darauf
„mit Sicherheit nichts bauen kann. —
Diese scharfsinnige Bemerkungen ermelten gelehrten Beurtheilers jener in solchem Betrachte allerdings verwerflichen Hypothese — werden nicht

we-

weniger auch die Unsicherheit der vorhin ange-
zeigten blos scheinbaren Aehnlichkeiten gewisser
beglaubter doppelartigen Zwittergeschöpfe, oder
vermeinter Verbindungsglieder der verschiedenen
Gattungen von Thieren -- zur Genüge bestätigen;
und so verliert sich sonderheitlich auch die beglaubte ausserordentliche Menschenähnlichkeit des
Ersten der Affen, oder sogenannten Orangoutang
im nähern Betrachte vor den schärfern Blicken
des untersuchenden Naturforschers größtentheils
fast eben so sehr wieder, als bey jenen beglaubten
doppelartigen oder zwittermäßigen Thiergeschöpfen die mehr scheinbare als würkliche Aehnlichkeit
mit zweyerley wesentlich ganz verschiedenen Thierarten. -- Denn jener Menschen ähnliche Affe --
schreibt einer unserer neuern berühmtesten Naturkenner: (*)

„Ist durch seine relativen Eigenschaften weiter
„von dem Menschen entfernt, als der größte
„Theil der andern Thiere, und ausserdem auch
„noch sehr durch sein Temperament von den-
„selben unterschieden; -- folglich ist dieser Affe -
„den die Philosophen mit dem gemeinen Hauf-
„fen, als ein Wesen betrachtet haben, das
„schwer zu bestimmen sey! -- dessen Natur am
„we-

(*) von Büffon in seiner Naturgeschichte. —

„wenigsten zweydeutig, und das Mittel zwi-
„schen dem Menschen und den Thieren wäre! –
„in der That doch nichts weiter, als ein bloses
„Thier, das äusserlich eine der menschlichen
„Gestalt ähnliche Masque trägt; aber innerlich
„des Denkens, und all desjenigen entblößt ist,
„was der Mensch thut; ein Thier, — das sei-
„ner relativen Kräfte wegen, noch unter viel
„andere herabzusetzen kömmt; Denn das Pas-
„sive des Affen hat auf das Aktive des Men-
„schen weniger Bezug, als das Paßive des
„Hunds oder des Elephantens. —

Zehnter Abschnitt.

Naturbeschaffenheit des Menschen ähnlichen Affen Orangoutang.

Dieser Menschen ähnliche Affe oder vermeints
Halbbruder der untersten Gattung vom Menschen,
und darum auch sogenannte Orangoutang oder
Waldmensch — ist also in allem Betrachte vom
Menschen unterschieden; und — doch meine Leser
mögen ihn nun aus folgenden Beschreibungen
unserer großen Naturforscher genauer kennen
lernen.

C 5   In

In der erſten Ordnung der Thiere — gehö⸗
ren die Affen, welche unter allen Thieren dem
Menſchen am ähnlichſten ſind; inſonderheit dieje⸗
nigen, welche keinen Schwanz haben, und deren
Art man Orangoutangs nennet. Dieſes Affen⸗
geſchlecht iſt eine ganz eigene Gattung von Ge⸗
ſchöpfen, welches die Weißheit des Schöpfers ſo
nahe mit dem Menſchen verbunden hat, daß der
Uebergang wie in der ganzen Reihe der Dinge,
faſt unmerklich wird; denn es iſt dieſe Thierart
dem Menſchen in der äuſſern Bildung des ganzen
Leibes und ſeiner Glieder ſehr ähnlich, auſſer nur
das Verhältnis der Theile gegen einander, als
welches von der harmoniſchen Verbindung ſo die
Theile des menſchlichen Körpers beſitzen, ſehr weit
unterſchieden bleibt. Man findet keinen Schwanz
bey ihnen, und den äuſſern Theilen fehlet ſonſt
nichts, als nur die rechte Proportion, um dem
menſchlichen Körper gleich zu ſeyn. Denn der
Kopf des Orangoutang iſt zu groß; die Augen
zu klein gegen den Kopf; die Naſe zu niedrig; die
obere Lippe aber von der Naſe bis zum Munde
zu lang; und ſo auch das Kinn. Dem großen
Maule fehlen rechte Lippen; und die Geſichtszüge
ſind ſo runzlicht als bey dem älteſten Menſchen;
die Arme zu lang; die Beine zu kurz; hingegen
die

die Füße unten mit ihren Zähen zu lang. Ausserdem hat der Orangoutang auf seinem Leibe sonst
nirgends Haare, als auf dem Kopfe, und da, wo
selbige auch bey dem Menschen zu finden sind.
Uebrigens gehen diese Thiere ermelten Geschlechts
aufrecht, wie die Menschen, und leben in Höhlen,
oder machen sich auch Hütten auf den Bäumen,
um für der Luft, und dem Regen sicher zu seyn.
Wann sie ein Feuer antreffen, so versammeln sie
sich dabey, sind aber nicht so vernünftig, daß sie
mehr Holz hinzulegten, um solches zu unterhalten;
sondern wann es ausgebrannt ist; so gehen sie
wieder ihres Wegs. Sie essen mit ihren Hän-
den; wischen sich mit selbigen auch das Maul
ab; und nähren sich blos von Früchten. Wann
einer von ihnen die Haut eines Thiers, oder das
Kleid eines Menschen überkömmt; so bedeckt er
seinen Rücken damit; der Leib ist jedoch sehr dicke, so, wie bey einem geschwollenen Menschen.
Der Aufenthalt dieser Thiere ist Angola und Bor-
neo, wo man sie bisweilen von der Größe 6.
Schuh hoch antrift. — Eine andere Art dieser
Thiere ist der sogenannte langärmigte Affe, oder
Gibbon. Dieser hat auch keinen Schwanz; einen
runden Kopf; große tiefliegende Augen; eine
platte Nase; und zugerundete Ohren, welche bey

C 4   nahe

nahe wie des Menschen seine, mit Rändern ein=
gefaßt sind. Die Vorderbeine oder Aerme dieses
Affen sind jedoch viel länger als die Hinderbeine,
und über die maasen lang, so, daß wenn er auf=
recht steht, die Finger seiner langen Aerme doch
noch den Erdboden berühren; und auf diese
Weise kan er allezeit aufrecht gehen, wann er
gleich auf allen Vieren geht. Das Vaterland des
Gibbon ist Ostindien, und besonders Koroman=
del, Malaga und die Moluckischen Inseln. --
      S. Büschings Unterricht in der Naturge=
      schichte.

Eilfter Abschnitt.
Fernere Beschreibung dieses Affen=
geschlechts.

Unter den mancherley Arten von Affen -- ist
der Orangoutang der größte Affe in der Welt,
und gleichsam ein wilder Mensch! -- Er ist 2.
bis 3. Ehlen hoch, und fast eben so dick, als ein
erwachsener Mann; hat einen großen haarigten
Kopf, kahle Ohren, Augbraunen mit Wimpern;
ein naktes altes Mannsgesicht, eine kurze platte
Nase, breiten Mund, und -- Hände, Füße, Brust
und Bauch fast wie ein Mensch. An beyden
                        Schlä=

Schläfen, wie auch im Nacken hat dieser Affe lang herunter hangende Haare; sonst aber einen nur wenig behaarten Leib; keine Backentaschen wie die übrigen Affen; auch wie diese, keine Schwühlen am Hintern; und keinen Schwanz. Er geht meist aufrecht, wie ein Mensch, und scheint auch blos zum Aufrechtgehen gemacht zu seyn! -- lebt und wohnt in den dicksten Wäldern von Afrika und Ostindien; und frißt allerhand Baumobst, Kräuter und Austern. Die meisten Neger, welchen sie auch bisweilen ihre kleinen Kinder wegschleppen, glauben: diese Orangoutangs seyen ein fremdes Volk, das sich in ihrem Lande niedergelassen habe. -- Man kan diesen Affen ganz zahm machen, daß er gleich einem Knechte, oder einer Magd, mancherley Dienste thut. Er ist still, fromm, und gar nicht boßhaft; auch weder so kühn, noch so verstohlen wie seine Vettern, die übrigen Affen; und will man ihn züchtigen; so schreyet er wie ein Kind. Selten aber kömmt ein solcher Orangoutang nach Europa -- weil er die Kälte nicht vertragen kan, und sehr leicht stirbt, man mag ihn auch verpflegen und füttern, wie man will! — Nach ihm ist der langärmigte Affe, Gibbon oder Golok genannt, der sonderbarste, und fast eben so groß, als jener;

C 5   auch

auch dem Menschen eben so ähnlich; ia, dem Gesicht nach, wohl noch ähnlicher; — die Backentaschen und Schwühlen am Hintern ausgenommen! die er mit andern Affen gemein hat. Dieser ausserordentliche Affe ist gleich dem Orangoutang, nicht weniger still und sanft; aber auch gleich zärtlich und schwächlich; so, daß die geringste Kälte oder Nässe ihm schadet, oder ihn wohl gar tödtet! deswegen er auch eben so schwer als der Orangoutang, nach Europa gebracht werden kan. Ursprünglich wohnt er in Ostindien, und frißt Mandeln, Feigen und Pomeranzen. —

S. Raffs Naturgeschichte: 1781.

Zwölfter Abschnitt.

Verschiedener Naturkündiger Beschreibungen und Urtheile davon.

Die Affen in Guinea — sagt Bosmann, haben eine gebliche Farbe, und werden ausserordentlich groß. Ich habe, fährt er fort, einen mit meinen eigenen Augen gesehen, welcher 5. Fuß hoch war. Diese Affen haben eine sehr gemeine Gestalt, eben so, wie diejenigen einer andern Gattung, welche ihnen in allem ähnlich sind, ausser daß 4. von

diesen

diesen kaum so groß sind, als einer von der ersten
Art. Man kan ihnen beynahe alles lehren was
man will. -- Gauther Schoutten sagt: daß die
Affen, welche die Indianer Orangoutangs nen-
nen, beynahe von der nämlichen Gestalt, und
auch von der nämlichen Größe, wie die Menschen
wären; aber daß ihr Rücken, und ihre Lenden
ganz mit Haaren bedeckt seyen, ohne jedoch am
Vortheil des Körpers behaart zu seyn; -- daß
die Weibchens zwo große Brüste haben; -- daß
alle ein rüdes Angesicht, eine platte oft einge-
drückte Nase, und Ohren wie die Menschen hätten; -- daß sie robust, behend, und kühn seyen,
und auch gegen bewafnete Menschen sich wehren;
daß sie sehr nach dem Frauenzimmer lüstern wären, und daß es für dasselbe gar nicht sicher seye,
sich in die Wälder zu begeben; weil sie allda
auf einmal von diesen Affen überfallen und ge-
nothzüchtiget werden. -- Dampier -- Froger --
und andere Reisende versichern: daß ermelte
Affen kleine Mädchen von 8. bis 10. Jahren rau-
ben, und mit ihnen auf die Bäume fliehen, so,
daß man tausend Beschwerlichkeiten habe, ihnen
selbige wieder zu entreissen. -- Gemelli Careri
sagt: daß er einen Affen gesehen habe, der sich
wie ein Kind beklagte, auf seinen zween Hinter-

füßen

füßen gieng, und seine Matte, auf welcher er zu
schlafen pflegte, unter den Armen trug. Diese
Affen — fährt er fort, scheinen in einem gewiſ-
ſen Betrachte, mehr Verſtand zu haben, als die
Menſchen; denn wann ſie auf den Bergen keine
Früchte mehr finden; ſo gehen ſie an das Ufer
des Meers — wo ſie ſich der Krebſe, Auſtern und
anderer ähnlicher Dinge bemächtigen. Es giebt
unter andern auch allda eine Art Auſtern, die
man Taelovo nennet, oft mehrere Pfunde wiegen,
und an den Flüſſen offen daliegen. Da ſich aber
der Affe fürchtet, ſie möchte ſich wann er ſie
freſſen wollte, beym Zuſchlieſſen ihres Gehäuſes,
ſich ſeiner Pfoten bemächtigen; ſo wirft er zuerſt
einen Stein auf daſſelbe, wodurch er verhindert,
daß es ſich nicht ſchlieſſen kan, und frißt ſie
dann ohne Furcht. Zu allen dieſen Zeugniſſen
können wir noch dasjenige des Herrn de la Broſſe
hinzufügen, der ſeine an die Küſten von Angola
im Jahr 1738. gemachte Reiſe beſchrieben, und
uns einen Auszug davon communiciret hat.
Dieſer Reiſende verſichert: daß ſich die Orangoutangs, die er Quinpezer nennet, bemühen, die
Negerinnen zu überraſchen; — daß ſie ſolche be-
wachen, um ſie zu genieſen, und daß ſie dieſelben
ſehr gut nähren. Ich habe, ſagt er, zu Lo-
wango

wango — eine Negreſſe gekannt, welche 3. Jahre
unter dieſen Thieren gelebt hatte. Sie werden
6. bis 7. Fuß hoch; beſitzen eine Stärke ohne
Beyſpiel; wohnen in Hütten, und bedienen ſich
der Prügel, um ſich zu vertheidigen. Sie haben
ein plattes Angeſicht; eine breite Naſe, platte
Ohren, ohne Ohrläppchens; eine etwas klärere
Haut als ein Mulatre; lange und nur hier und
da auf den Leib verſtreute Haare; einen auſſer-
ordentlich hinabhangenden Bauch; platte, und
hinten ohngefähr einen halben Zoll vorſtehende
Fußſohlen. Sie gehen auf ihren zwey Füßen;
aber auch wann es ihnen einfällt, auf allen
Vieren. Dieſe Thiere — ſetzt er hinzu: haben den
Inſtinkt, ſich wie die Menſchen zu Tiſche zu ſetzen;
ſie eſſen von allem ohne Unterſchied; und bedienen ſich auch dabey der Löffel, Gabel und Meſſer,
um dasjenige aufzufaſſen und zu zerſchneiden,
was man ihnen auf den Teller legt. Auch trinken ſie Wein und andere Liqueurs. Wir trugen
ſie am Bord, als ſie zu Tiſche waren; ſie gaben
durch ein Knirrſchen zu erkennen, wenn ſie etwas
nöthig hatten; und wenn ihnen zuweilen dieſe
Kinder dasjenige verſagten, was ſie verlangten,
ſo wurden ſie zornig, bemächtigten ſich ihrer
Aerme, biſſen ſie, und drückten ſolche unter ſich.

Das

Das Männchen wurde auf der Rhede krank; es
ließ sich wie ein Mensch pflegen; und es wurde
ihm sogar auf dem rechten Arme zweymal die
Ader geöfnet. So oft es sich nachher unbaß
fande, so zeigte es seinen Arm her, damit man
ihm zur Ader laſſen ſollte! gleichſam als hätte es
gewußt, daß ihm dieſes wohl bekommen ſeye! —

Der Orangoutang — ſagt endlich der An-
führer aller dieſer Erzählungen und Reiſenach-
richten — der berühmte Büffon — den ich
ſelbſt geſehen habe, gieng aufrecht auf ſeinen
zween Füßen, ſogar alsdann, wann er ſchwere
Laſten trug. Sein Anſehen war ſehr traurig,
ſein Gang ernſthaft, ſeine Bewegungen abgemeſ-
ſen, ſein Naturell ſtill, und ſehr von demjenigen
anderer Affen verſchieden. Ich ſah dieſes Thier,
daß es denjenigen die Hand gab, um ſie zu beglei-
ten, die es zu beſuchen kamen, und ſich mit ihnen
ernſthaft, und gleichſam wie in Geſellſchaft, pro-
meniren. Ich ſah, wie es ſich zu Tiſche ſetzte,
die Serviette entfaltete; ſich die Lippen abwiſchte,
und des Löffels und der Gabel ſich bediente; ſich
ſelbſt Getränke in ein Glas goß, und es rüttelte,
wann es zum Trinken aufgefordert wurde. Ich
ſah es eine Taſſe mit dem Unterſatz nehmen, ſolche
auf den Tiſch ſtellen, Zucker darein legen, Thee
ein-

einschenken, und solchen erkalten laſſen, biß man
ihn trinken konnte; — und dies alles ohne weitern andern Antrieb, als durch Zeichen, oder ein
Wort ſeines Herrn, und oft auch von ſelbſt! Es
that niemanden etwas Uebels, näherte ſich mit
Vorſichtigkeit, und zeigte ſich nur, um gleichſam
Schmeicheleyen zu empfangen. Ich habe — führt
dieſer berühmte Naturkenner fort, mein eigenes
Zeugnis zu dem hinzugethan, was uns die am
wenigſten leichtgläubigen, und am meiſten Wahr-
heitsliebenden Reiſenden vom Orangoutang erzählt haben. Ich glaubte, ihre darauf ſich bezie-
hende Stellen gänzlich hier ſetzen zu müſſen, weil
in der Naturgeſchichte eines dem Menſchen ſo ähnlichen Thiers alles wichtig ſcheinen kan! — Damit man aber mit noch mehr Kenntnis über ſeine
Natur entſcheiden könne, ſo wollen wir nun auch
alle Verſchiedenheiten anzeigen, die den Orangoutang vom menſchlichen Geſchlechte entfernen,
aber auch zugleich alle Aehnlichkeiten, die ihn
demſelben nähern.

Er iſt dem Aeuſſerlichen nach von dem Menſchen unterſchieden durch ſeine Naſe, als welche
nicht erhaben iſt; durch die Stirne, die ſehr kurz
iſt; durch das Kinn, welches kaum aus dem Kopfe
hervor ſteht. Er hat nach Proportion zu groſſe
Ohren;

Ohren, Augen, die zu nahe bey einander stehen;
und der Abstand zwischen Nase und Mund ist
auch zu groß. — Der Leib und die Gliedmasen
aber weichen darinne von einander ab, daß seine
Hüften Verhältnisweise zu kurz; seine Arme zu
lang; die Daumen zu klein; der Ballen in der
Hand zu lang und zu geschlossen; und die Füße
eher wie Hände, als menschliche Füße, gemacht
sind. — Die Geburtsglieder des Männchens sind
ebenfalls von denen eines Menschen unterschieden, doch sind die des Weibchens denen einer
Frau sehr ähnlich! — Was das Innerliche be-
trift; so weicht der Orangoutang von dem Menschen erstens durch die Ribben ab, deren dieser
nur zwölfe, jener aber dreyzehn hat; so besitzt
ersagter Affe auch ein kürzeres Genicke, mehr
geschlossene Gelenkknochen; plattere Lenden; tie-
fere Augen, und rundere Nieren. Auch haben
die Harngänge, so wie die Blase, und die Gallen-
gefäse, eine andere Gestalt, als welche bald kür-
zer, bald länger sind, wie die bey dem Menschen. — Alle andere Theile des Körpers aber
sind dem Menschen so gleich, daß man beyde,
ohne darüber erstaunt zu seyn, nicht vergleichen
kan; noch mehr aber, daß von einer so ähnlichen
Zusammensetzung und Organisation — gleichwol
nicht

nicht die nemlichen Würkungen entstehen! —
Giebt es also wohl einen augenscheinlichern Beweiß, als diesen: daß die Materie allein, wann
sie auch noch so vollkommen organisirt ist! —
weder das Denken noch die Sprache, als Zeichen
desselben, würklich hervorbringen kan, wenn sie
nicht von einem höhern Principio belebt ist? —
Der Mensch und der Orangoutang sind also
hauptsächlich von innen — durchs Denken, und
von aussen — durch die Sprache, unterschieden;
denn so sind z. B. die Zunge und alle Organe
der Stimme bey diesem Affen die nemlichen wie
beym Menschen, und doch spricht er nicht! —
Und so ist nicht weniger auch das Gehirn dieses
Affen gänzlich von derselben Gestalt und Proportion wie die im Menschen; und doch denkt
er nicht! — Ein klarer Beweiß: daß die Seele,
das Denken, und die Sprache nicht von der Gestalt oder von der Organisation des Körpers ab-
hängen; — und also ein besonderes dem Menschen allein gegebenes Geschenke sind! Die Nach-
ahmungssucht scheint jedoch der ausgezeichnetste
Charakter und das frappanteste Attribut dieser
Gattung von Affen zu seyn, welches ihr auch
der gemeine Hauffe als das einzige Talent würklich zuschreibt! — Wir müssen aber, bevor wir

D   dar-

darüber entscheiden, erst untersuchen: ob solche
frey — oder gezwungen, und blos mechanisch
ist? -- Ahmt der Affe dem Menschen nach, weil
er es will, oder vielmehr weil er, ohne es zu
wollen kan? -- Ich überlasse deshalb den Aus-
spruch gerne denjenigen, welche dieses Thier ohne
vorgefaßte Meynung beobachtet haben, und bin
überzeugt, sie werden mit mir behaupten: daß
in dieser Nachahmung nichts freyes -- nichts
willkührliches anzutreffen sey! -- Der Affe be-
dient sich, da er Aerme und Hände hat, derselben
wie wir, aber ohne wie wir daran zu denken.
Die Aehnlichkeit der Gliedmasen und Organen
bringt nothwendigerweise Bewegungen, und oft
sogar eine Folge von Handlungen hervor, die
den unserigen ähnlich sind. Da er, wie der
Mensch, zusammengesetzt ist; so kan er auch nur
wie dieser, handeln: Aber sich auf die nemliche
Art bewegen, -- heißt noch nicht handeln, um
nachzuahmen. Der Affe ist unfähig diesen Vor-
satz zu fassen, weil solcher ohne eine Folge von
Gedanken, nicht existiren kan. Aus dieser Ursache
kan der Mensch, wann er will, wohl den Affen
imitiren; der Affe aber kan die Nachahmung des
Menschen nicht einmal wollen! Solchemnach
gleicht der Affe dem Menschen mehr durch den
Kör-

Körper und die Gliedmaßen, als durch den Gebrauch den er davon macht, weil dieser bey ihm
blos mechanisch ist! -- Uebrigens ist seine Natur sehr lebhaft; sein Temperament heiß, und
seine Leidenschaften -- da selbige nie durch die
Erziehung vertilgt werden können, so, wie alle
seine Angewohnheiten, *excessiv*, — und mehr den
Handlungen eines Rassenden, — als eines Menschen, oder auch nur eines stillen Thiers ähnlich.
Daher kömmt es auch, daß wir ihn so ungelehrig finden, und daß er dasjenige nur sehr
schwer behält, was wir ihm angewöhnen wollen.
Er ist unempfindlich gegen Schmeicheleyen, und
gehorcht nur bey Züchtigungen. Man kan ihn
wohl eingesperrt, oder an der Kette — aber nie
frey im Hause halten: immer traurig oder un-
bändig; und immer halsstarrig und grimassant,
verfolgt man ihn vielmehr, anstatt sich mit ihm
vertraut zu machen. Er war daher nie, auf
keine Art ein häußliches Thier; und in dieser
Rücksicht ist auch der Affe mehr vom Menschen
entfernt, als der größte Theil der übrigen Thiere;
denn die Gelehrigkeit setzt immer einige Analo-
gie zwischen demjenigen voraus, welcher giebt,
und demjenigen, welcher empfängt. — Nun hat
aber das Passive des Affen auf das Active des

D 2   Men-

Menschen -- ohngleich weniger Bezug, als das
Passive des Hundes, oder Elephantens -- bey
welchen es schon hinlänglich ist, sie nur wohl zu
traktiren, -- um ihnen gute Empfindungen --
eine getreue Anhänglichkeit, willkürlichen Gehor-
sam, uneigennützige Dienstfertigkeit, und eine
Ergebenheit ohne Zurückhaltung, beyzubringen.
Der Menschen ähnliche Affe ist also ein Thier;
und, ungeachtet seiner Aehnlichkeit mit dem Menschen, gleichwol weit entfernt, der Zweyte unserer
Gattung zu seyn! nicht einmal der Erste in der
Ordnung anderer Thiere, weil er noch nicht das
geschickteste ist. Und es ist blos diese körperliche
Aehnlichkeit, worauf sich das Vorurtheil der
großen Meynung gestützt hat, die man sich von
der Fähigkeit dieses Affen machte. -- Ich gesteh
es; wenn man nur nach der äussern Gestalt ur-
theilen müßte; so könnte man dies Geschlecht
der Affen für eine Varietät des menschlichen
Geschlechts annehmen. -- Der Mensch und der
Orangoutang -- sind die einzigen, die Nägel
und Ballen haben, und folglich geschaffen sind,
aufrecht zu gehen; die einzigen, welche eine breite
Brust, platte Schultern, und Gelenke haben, die
eins wie das andere gestaltet sind; die einzigen,
deren Gehirn, Herz, Lunge, Leber, Milz, Einge-
weide,

weide, Magen, und Gedärme, vollkommen gleich sind; mit einem Worte: der Orangoutang gleicht dem Menschen mehr, als einem jeden andern Thiere; und die Indianer sind zu entschuldigen, daß sie ihn durch den Namen Orangoutang — welches wilder Mensch bedeutet, dem menschlichen Geschlechte zugezählet haben; weil er dem Menschen in Rücksicht des Körpers, mehr ähnlich ist, als den übrigen Affen, oder einem andern Thiere; aber was für eine Aehnlichkeit auch zwischen diesen Affen und einem Neger oder Hottentotten — würklich statt haben mag; so ist der Abstand, der beyderley Geschöpfe von einander trennt, doch unermeßlich, da jener weder denkt noch spricht — diese aber von innen mit dem Denken, und äusserlich mit der Sprache begabt; folglich nicht als Thiere — sondern als Menschen zu betrachten sind. —

S. von Büffons Naturgeschichte.

Bey dem Verleger dieses sind auch folgende Bücher zu haben:

Analekten für Politik, Philosophie und Literatur, in Erörterungen und Nachrichten, welche in Deutschlands sämmtlichen Journalen vermißt werden, 8. 1787.   30 kr.

Auf die Schœpfung, 8. 1787.   24 kr.

Auszug aus dem Wörterbuche der Thorheiten, 8. 1780.   30 kr.

Bicker (G.) praktische Arzneymittellehre, nebst ausgesuchten Verbindungen und Formeln von Arzneyen, aus dem Lat. übers. 8. 1781.   30 kr.

Briefe an Lina, von Sophie von la Roche, 8. 1785.   1 fl.

Büttinghausen, Beyträge zur Pfälzischen Geschichte, 2 Bände, 8 Stücke, 8. 1774 - 1782. 2 fl. 24 kr.

-- -- ditto Schreibpapier   3 fl.

-- -- dessen Pfälzische historische Nachrichten aus neuern Schriften, 5 Proben, 8. 1783-86.   40 kr.

— — ditto Schreibpapier.   50 kr.

Burgerlicht (das neuentdeckte) als ein Grundstein zur Ausbildung solcher Bürger, welche zur Beförderung der allgemeinen Wohlfahrt durch alle Klassen in jedem Staat zu gebrauchen seyn, 2 Theile, 8. 1780.   1 fl. 45 kr.

CHYMICA.

Das Geheimniß von dem Salz, als dem edelsten Wesen der höchsten Wohlthat Gottes in dem Reiche der Natur, von Elias Artista Hermetica, 8. 1770.   30 kr.

Chymisches Lustgärtlein, in welchem die Verborgenheit der Natur und Kunst gepflanzet, 8. 15 kr.

Oetingers (H. J.) Metaphysik in Connexion mit der Chimie, worinnen die wichtigste Betrachtungen aus Zimmermanns, Neumanns u. Bechers Gründen abgehandelt werden, 8. 1770. 1 fl. 15 kr.

Oetin-

Oetinger (H. I.) Liber III. Catenæ Aureæ Homeri de transmutatione Metallorum von Verwandlung der Metallen, 8. 1770. 15 kr.

Chymische Traktätlein, zwey rare, das erste Sonnenblume der Weisen, das zweyte D. Joh. D. Helbigii gründliche Antwort auf 3 merkwürdige chymische Fragen, 8. 1740 15 kr.

Christ (der) oder Morgen- und Abendopfer auf jeden Tag eines ganzen Monats, 8. 1785. 20 kr.

Erzählungen (moralische) von Sophie von la Roche, 2 Bände, 8. 1784. 1 fl. 20 kr.

Entwurf der sämtlichen Kur- und Reichsfürstlich. Erz- und Hochstifter, Abteyen und Probsteyen, nach ihrer heutigen Staatsverfassung, in Tabellen, gr. Fol. 1779. 30 kr.

Etwas zur Spekulation für den Staatsmann, Patrioten, Kameralisten und Kaufmann; oder erster Umriß einer gesellschaftlichen Kredit-Assekuranzbant, gewidmet meinen Mitbürgern, 8. 1781. 40 kr.

Fleckenkünstler, der aus allen Seiden, Sammet, Tüchern, Zeugen ꝛc. herausbringende, welcher auch allerhand Sympathet. Antipathetische und Magische Kunststücke lehret, 8. Frf. 1782. 15 kr.

Hutten (M. J. G.) Beyträge zur Speyerischen Litterargeschichte, hauptsächlich in Verbindung mit der Wirtembergischen, 8. 1785. 12 kr.

Kremers (C. J.) Geschichte des Kurfürsten Friedrichs des Ersten von der Pfalz, in 6 Büchern, mit Urkunden und Kupfern, 2 Theile, gr. 4. 1766. 6 fl.

List (D. G. K.) über Hurerey und Kindermord, 8. 1784. 24 kr.

Magazin (Schwäbisches) von gelehrten Sachen, von den Jahren 1777, 78, 79 und 80. jeder Jahrgang 3 fl.

Mayer (Chr.) gründliche Vertheidigung neuer Beobachtungen von Fixsterntrabanten, m. Kupf. gr. 8. 1778. 1 fl. 45 kr. auf royal Papp. 2 fl. 15 kr.

Maim.

Maimburg (B.) Geschichte vom Verfalle des römischen Reichs nach Karl dem Großen, und von den Streitigkeiten der Kaiser mit den Päbsten wegen der Investituren und Unabhängigkeit, 2 Theile, 4. 1768. 3 fl. 30 kr.

Müller (B. L. S.) Entwurf von den göttlichen Absichten bey Erschaffung und Regierung dieser Welt, nach Anleitung der natürlichen, mosaischen und christlichen Religion, 8. 1783. 30 kr.

Oetingers, Prälat in Murrhart, Abhandlung von dem Zusammenhang der Glaubenslehren mit den letzten Dingen, 8. 1779. 24 kr.

— — Grundbegriffe des neuen Testaments in einem neuen Jahrgang von Predigten über die Sonn- Fest- und Feyertäglichen Episteln, samt einem Anhang einiger anderer von verschiedener Materie, 8. 1777. 1 fl. 45 kr.

Oetingers (Fr. Chr.) Predigten über die Sonn- und Feyertags Evangelien, nebst einem Anhang von Passionspredigten, samt einer Vorrede von Dr. Chr. F. Sartorius, 2 Theile, 8. 1780 1 fl. 45 kr.

— — Biblisches und Emblematisches Wörterbuch, dem Tellerischen Wörterbuch und anderer falschen Schrifterklärungen entgegen gesetzt, 8. 1778. 1 fl. 45 kr.

Pfeiffer (Chr. Ludw.) unpartheyischer Versuch eines ausführlichen Staatsrechts der unmittelbaren freyen Reichsritterschaft, 2 Theile, 8. 1778 und 1780. 2 fl. 24 kr.

— — der Ruhm der Deutschen in dem 18ten Jahrhundert; Joseph und Friedrich, Versuch zweyer Lobgedichte mit Anekd. u. Anmerk. 8. 1781. 36 kr.

— — ebend. die deutsche Freyheit nach ihren staatsrechtlichen Verhältnissen und politischen Produkten im teutschen Reiche, staatsrechtlich beleuchtet und freymüthig dargestellt, 8. Frf. 1787 24 kr.

Die Schönen von Stuttgart und das Fräulein in einer Reichsstadt, 8. 1782 15 kr.